COLLECTION

DE

VIES DES SAINTS.

VIE

DE

S. VINCENT DE PAUL,

INSTITUTEUR

ET PREMIER SUPÉRIEUR DE LA CONGRÉGATION DE LA
MISSION ET DES FILLES DE LA CHARITÉ.

Prix de la Collection : 4 f.^{cs}

pour les Souscripteurs à la nouvelle Bibliothèque catholique.

3 f.cs 5o c.s

VIE

DE

S. VINCENT DE PAUL.

VIE

DE

S. VINCENT DE PAUL,

INSTITUTEUR

ET PREMIER SUPÉRIEUR DE LA CONGRÉGATION DE LA MISSION ET DES
FILLES DE LA CHARITÉ.

LILLE.

L. LEFORT, LIBRAIRE, IMPRIMEUR DU ROI,
RUE ESQUERMOISE, N.º 55.

———

1827.

VIE

DE

S. VINCENT DE PAUL.

Dieu ménage de fidèles ministres à son église dans les temps mêmes où l'esprit de foi paroît presque universellement anéanti ; ces hommes privilégiés se préparent à devenir des vases de grâces , par l'exercice de la prière et par le crucifiement des inclinations de la nature corrompue ; une fois bien pénétrés des maximes de Jésus-Christ , ils paroissent dans le monde comme de nouveaux apôtres , et conduisent les autres dans les voies de la piété , où le Saint-Esprit leur servit lui-même de maître et de guide. Saint Vincent de Paul fut un de ces instrumens dont la divine miséricorde se sert pour ranimer la piété sur la terre.

Il naquit , en 1576 , dans le village

de Poy , au diocèse d'Acqs , en Gas-
cogne, vers les Pyrénées. Son père se
nommoit Guillaume de Paul , et sa mère
Bertrande de Moras. Ils faisoient valoir
par eux-mêmes une petite ferme qui leur
appartenoit en propre, et ils tiroient du
travail de leurs mains de quoi subsister
avec leur famille. Ils avoient six enfans,
quatre garçons et deux filles; ils les éle-
voient dans la piété et dans l'exercice
des travaux de la vie champêtre.

Vincent , qui étoit le troisième des
fils de Guillaume de Paul , donnoit des
preuves singulières d'esprit et de capacité. Il avoit un maintien grave et un
amour pour la prière qui étoient au-
dessus de l'âge d'un enfant. Ses premières années se passèrent à garder le
troupeau de son père. Souvent il lui
arrivoit de se priver d'une partie de son
nécessaire pour en assister les pauvres,
dans la personne desquels il envisageoit
Jésus-Christ. C'étoit là comme autant
d'indices de cette ardeur extraordinaire
avec laquelle il se mit à chercher Dieu
lorsque sa raison fut entièrement formée.
On peut aussi assurer que sa fidélité à
correspondre aux grâces qu'il recevoit

dans son enfance, lui en mérita de nouvelles, et devint le principe de ces bénédictions dont il fut depuis comblé.

Guillaume de Paul, qui voyoit en son fils de rares dispositions pour les sciences et la piété, résolut de le faire étudier. Il le mit en pension chez les Cordeliers d'Acqs, qui se chargeoient de l'éducation des jeunes gens. Au bout de quatre années, Vincent fut en état d'instruire les autres. M. de Commet, avocat de la ville d'Acqs, et juge de Poy, le fit précepteur de ses enfans; par-là le jeune Vincent se vit en état de continuer ses études sans être à charge à sa famille. A l'âge de vingt ans, il se rendit à Toulouse, y fit son cours de théologie, et y prit le degré de bachelier. Il reçut le sous-diaconat, ainsi que le diaconat, en 1598, et la prêtrise deux ans après.

Déjà on admiroit en lui les vertus qui font un digne ministre de Jésus-Christ, sans qu'il connût cependant encore ce parfait crucifiement sur lequel porte tout l'édifice de la sainteté. Il avoit appris la théologie et les autres sciences ecclésiastiques; il s'étoit pénétré des maximes de l'évangile par la lecture des livres divins, par celle des vies des Saints et des meilleurs ouvrages de spiritualité ; mais il lui restoit encore une science à apprendre, et celle-ci demandoit plus qu'une étude et une application ordinaires.

Elle consiste dans de vives sentimens, et dans la connoissance pratique de l'humilité, de la patience, de la douceur et de la charité, et elle ne peut s'acquérir que par le bon usage des épreuves intérieures et extérieures : c'est là ce mystère de la croix, inconnu à tous ceux que le Saint-Esprit n'a point initiés dans les secrets importans de la conduite qu'il tient, quand il prépare les ames aux merveilleuses opérations de la grâce. Au dernier jour, la prospérité des méchans paroîtra l'effet du plus redoutable jugement du Seigneur, tandis que les afflictions des Saints feront exalter ses miséricordes. Ce fut donc par un enchaînement de tribulations que Dieu conduisit Vincent à ce haut degré de vertu auquel il l'éleva depuis par sa grâce.

En 1605, Vincent fut obligé de faire un voyage à Marseille, pour recevoir un legs de quinze cents livres , que lui avoit fait un de ses amis mort dans cette ville. Etant sur le point de retourner à Toulouse , il accepta la proposition qu'on lui fit de prendre la voie de la mer jusqu'à Narbonne ; mais le vaisseau qu'il montoit fut bientôt attaqué par trois brigantins d'Afrique. Comme les Chrétiens refusèrent de se rendre , les infidèles les chargèrent avec furie , leur tuèrent trois hommes , et blessèrent tout le reste de l'équipage. Vincent reçut un coup de flèche dont il se sentoit encore plusieurs années après.

La première chose que firent les Mahométans , lorsqu'ils eurent remporté l'avantage , fut de mettre le pilote en pièces, pour se venger de ce qu'il ne s'étoit pas rendu d'abord , et de ce que , dans le combat , il avoit tué un des principaux d'entre eux avec quatre ou cinq esclaves. Ils enchaînèrent les autres prisonniers , et coururent encore la mer sept à huit jours. Enfin , chargés de butin , ils firent voile du côté de Tunis.

A peine y eurent-ils abordé , qu'ils dressèrent un procès-verbal de leur prise, où ils déclaroient faussement que Vincent

et ses compagnons avoient été enlevés
sur un vaisseau espagnol. Le but qu'ils se
proposoient en cela étoit d'empêcher le
consul français de revendiquer leurs prisonniers. Ayant habillé les Chrétiens en
esclaves, ils les promenèrent cinq ou six
fois dans la ville pour les faire voir; ils
les ramenèrent ensuite à leur vaisseau,
où ils furent visités par ceux qui se présentoient pour les acheter. On les exa-
minoit, afin de s'assurer s'ils mangeoient
bien; on leur tâtoit les côtes, on leur
regardoit les dents, on sondoit leurs
plaies, après quoi on les faisoit marcher
et courir pour connoître s'ils étoient forts
et robustes. En un mot, on les traitoit
comme des bêtes de charge.

Vincent fut acheté par un pêcheur;
mais celui-ci voyant que son esclave ne
pouvoit supporter l'air de la mer, il le
revendit à un vieux médecin, grand chi-
miste et grand distillateur, qui cherchoit
depuis cinquante ans la pierre philoso-
phale. Il traita Vincent avec beaucoup
d'humanité; il lui promit, s'il vouloit
changer de religion, de lui laisser tous
ses biens, et, ce qu'il estimoit infiniment
plus, de lui communiquer tous les secrets

de sa prétendue science. Le Saint, qui craignoit plus le danger que couroit son ame, que les rigueurs de l'esclavage, implora le secours du ciel par l'intercession de la bienheureuse Vierge, et il se crut toujours principalement redevable à la Mère de Dieu, du bonheur qu'il avoit eu d'échapper à la tentation. Une année environ se passa de la sorte.

Le médecin étant mort, laissa pour héritier un neveu, qui fut le troisième maître de Vincent. Celui-ci, plein de confiance en la bonté divine, jouissoit, dans la captivité, d'une paix inaltérable. Il apprenoit, en méditant souvent la passion du Sauveur, à faire un bon usage de ses peines, et à acquérir, autant qu'il lui étoit possible, une parfaite ressemblance avec Jésus-Christ.

Peu de temps après, son nouveau maître le vendit à un renégat, originaire de Nice, en Savoie, qui l'envoya dans son *témat :* c'est le nom que l'on donne au bien que l'on fait valoir comme fermier du prince. Ce *témat* étoit situé sur une montagne, dans un lieu extrêmement chaud et désert. Le renégat avoit trois femmes. Une d'entre elles, qui étoit turque de naissance et de religion, alloit souvent à la campagne où Vincent travailloit; elle lui faisoit diverses questions sur la loi, les usages et les cérémonies religieuses des Chrétiens; elle lui commandoit quelquefois de chanter les louanges du Dieu qu'il adoroit. Le Saint avoit coutume de chanter le psaume *Super flumina Babylonis*, le *Salve, Regina*, et d'autres semblables prières de l'église; ce qu'il faisoit avec beaucoup d'onction, et toujours les larmes aux yeux. La femme mahométane fut extrêmement frappée de ce qu'elle avoit appris du christianisme, ainsi que de la conduite vertueuse de son esclave. Elle fit des reproches à son mari de ce qu'il avoit abandonné une religion qui paroissoit si bonne, et l'amena au point qu'il sentit son crime, et rentra en lui-même. Malheureuse de n'avoir point elle-même ouvert les yeux à la lumière !

Le renégat, confus, ne put rien répondre à sa femme. Plein d'horreur pour son crime, il eut un entretien avec Vincent, et ils convinrent tous deux de se sauver. Ils montèrent sur une petite barque, et traversèrent la Méditerranée, sans penser que le moindre coup de vent pouvoit les faire périr. Enfin, le 2 Juin 1607, ils abordèrent à Aigues-Mortes, d'où ils se rendirent à Avignon. Le renégat y fit abjuration entre les mains du vice-légat. L'année suivante, il accompagna le Saint à Rome, où il entra, pour faire pénitence, dans le couvent des *Fate-Ben-Fratelli*, qui servoient les malades dans les hôpitaux, suivant la règle de saint Jean de Dieu.

Vincent, étant à Rome, ressentit une grande consolation à la vue d'une ville où résidoit le chef de l'église militante, qui avoit été arrosée du sang de tant de martyrs, et dans l'enceinte de laquelle sont les tombeaux de saint Pierre et de saint Paul, ainsi que ceux d'une multitude innombrable d'autres Saints. Il ne pouvoit retenir ses larmes, quand il se rappeloit le zèle, le courage, l'humilité, et les autres vertus qui avoient éclaté dans tous ces dignes disciples de Jésus-Christ. Souvent il visitoit les lieux où reposoient leurs cendres sacrées, et demandoit à Dieu la grâce de marcher fidellement sur leurs traces.

Lorsqu'il eut satisfait sa dévotion à Rome, il partit pour la France. Arrivé à Paris, il se logea au faubourg Saint-Germain, dans le voisinage du lieu où est l'hôpital de la Charité, et il y alloit souvent servir et consoler les malades. Quelque soin qu'il prît de cacher ses vertus, plusieurs personnes les découvrirent. On le fit connoître à la reine Marguerite, qui faisoit alors profession de piété. Cette princesse voulut le voir; elle le mit sur l'état de sa maison, et lui donna le titre de son aumônier ordinaire.

Il y avoit à la cour de cette princesse un docteur qui avoit toujours montré beaucoup de zèle pour la religion, et qui s'étoit rendu redoutable aux hérétiques et aux impies; mais Dieu, soit pour l'éprouver, soit pour le punir de quelques fautes, permit qu'il fût attaqué de tentations violentes contre la foi. Les moyens qu'il employa, ou qui lui furent suggérés pour dissiper le trouble qui l'agitoit, ne produisirent aucun effet, ils ne servirent même qu'à augmenter encore la tentation. Ses peines devinrent telles, qu'il tomba dans le désespoir, et qu'on craignit plus d'une fois qu'il ne s'ôtât lui-même la vie. Enfin, la nature succomba, et il fut attaqué d'une maladie dangereuse,

Vincent, touché de son état, sollicita en sa faveur la miséricorde divine ; il s'offrit même au Seigneur en esprit de victime, et se chargea, pour dédommager sa justice, ou de subir une semblable épreuve ou telle autre peine qu'il plairoit à Dieu de lui infliger. Sa prière fut exaucée dans toute son étendue : le docteur recouvra le calme, et fut entièrement délivré de la tentation ; mais cette tentation resta à Vincent de Paul. Celui-ci eut recours, pour s'en délivrer, à la prière et aux pratiques de la mortification. En vain le démon redoubloit ses efforts, il ne perdoit point courage, et mettoit toujours en Dieu sa confiance. Il écrivit sa profession de foi, et l'appliqua sur son cœur ; puis faisant un désaveu général de toutes les pensées d'infidélité, il convint avec Notre-Seigneur, que toutes les fois qu'il toucheroit l'endroit où étoit cette profession de foi, il seroit censé la renouveler, et par conséquent renoncer à la tentation, quoiqu'il ne proférât aucune parole extérieure : par-là il rendoit inutiles les assauts de l'ennemi.

Cependant il s'appliquoit de plus en plus à mener cette vie de foi qui fait le

caractère du juste. Quatre ans se passèrent de la sorte. Enfin un jour que,
fatigué de la violence de son mal, il
s'occupoit des moyens de l'arrêter pour
toujours, il résolut de se consacrer au
service des pauvres pour suivre plus
parfaitement l'exemple que nous a laissé
le Fils de Dieu. A peine eut-il formé cette
résolution, que toutes ses peines s'éva-
nouirent; la paix qu'il goûta depuis fut
suivie des plus abondantes consolations;
il reçut même le don de guérir dans
la suite ceux que Dieu éprouvoit de la
même manière.

Vincent demeuroit dans la même maison qu'un juge du village de Sore,
situé dans les Landes, et dans le district
du parlement de Bordeaux. Celui-ci étant
sorti sans avoir pris les précautions nécessaires, trouva à son retour qu'on lui
avoit volé quatre cents écus. Il accusa
Vincent du vol, et se mit à le décrier
parmi toutes ses connoissances et tous
ses amis. Le Saint se contenta de nier
le fait, et de dire tranquillement :
« Dieu sait la vérité. » Pendant les six
années que dura la calomnie, il ne dit
rien autre chose pour sa défense, et il

ne laissa jamais échapper la moindre plainte. Enfin le voleur, qui étoit aussi des environs de Bordeaux, fut arrêté pour quelque nouveau crime. Déchiré par les remords de sa conscience, il envoya chercher le juge de Sore, lui déclara qu'il étoit le voleur de son argent, et que le serviteur de Dieu étoit innocent du crime dont on l'avoit accusé.

Vincent raconta depuis cette histoire dans une conférence qu'il faisoit à ses prêtres ; mais il parla de lui en troisième personne, pour ne pas se faire honneur du mérite qui lui en étoit revenu devant Dieu. Le but qu'il se proposoit étoit d'apprendre à ses prêtres que la patience, la résignation et un humble silence, sont en général la meilleure apologie des personnes que poursuit la calomnie ; que par-là on trouve le moyen de se sanctifier dans de pareilles épreuves, et que la Providence sait tôt ou tard nous justifier aux yeux des hommes, lorsque cela est expédient pour notre salut.

Vincent fit connoissance avec M. de Berulle, qui fut depuis cardinal, et

qui dans le temps dont nous parlons
étoit occupé de l'établissement de la congrégation des Oratoriens en France. Les
vrais serviteurs de Jésus-Christ ont bientôt découvert les ames où règne l'esprit
de Dieu. M. de Berulle conçut une grande
estime pour Vincent, dès la première fois
qu'il s'entretint avec lui. Il l'engagea à
travailler au salut des ames, et le dé-
termina à accepter la cure de Clichi,
village situé à une lieue de Paris. Le serviteur de Dieu s'appliqua de toutes ses
forces à remplir les devoirs attachés à
son ministère. Non-seulement il instruisoit
son peuple, mais il cherchoit encore les
moyens de corriger et de prévenir même
les abus. Il visitoit les malades, soula-
geoit les pauvres, consoloit les affligés,
réunissoit les esprits divisés, entretenoit
la paix dans les familles. Pour exciter
l'amour de la religion, il fit divers établissemens qui produisirent de grands
fruits : il renouvela la face de sa paroisse, et y introduisit l'usage saint et
fréquent des sacremens. Ses paroissiens
s'empressoient de seconder son zèle,
parce qu'ils avoient en lui une confiance
entière, et qu'ils le regardoient comme
leur ange tutélaire.

Quelque temps après, on l'obligea de quitter la cure de Clichi, pour le charger de l'éducation des enfans de Philippe-Emmanuel de Gondi, comte de Joigni, général des Galères de France. Ce seigneur avoit épousé Françoise Marguerite de Sully, dame singulièrement recommandable pour sa piété. Elle fut si touchée des éminentes vertus de Vincent, qu'elle lui donna toute sa confiance, et le choisit même pour confesseur.

En 1616, Vincent accompagna la comtesse de Joigni au château de Folleville, dans le diocèse d'Amiens. On vint un jour le prier de se rendre à Gannes, village éloigné de Folleville d'environ deux lieues : c'étoit pour confesser un paysan dangereusement malade, et qui avoit témoigné avoir beaucoup de confiance au saint prêtre. Vincent partit sans délai. Ayant examiné sérieusement l'état de l'ame du malade, il lui proposa de faire une confession générale de toute sa vie, ce que celui-ci accepta volontiers. Il s'aperçut bientôt que son pénitent ne s'étoit jamais confessé avec les dispositions nécessaires, et conséquemment que ses péchés ne lui avoient point été pardonnés. Le paysan fondant en larmes, s'accuse de tous ses crimes, et en reçut l'absolution. La joie qu'il ressentit ensuite fut extraordinaire. Il se félicitoit d'avoir eu le bonheur de parler à Vincent ; il disoit à haute voix qu'il eût été perdu sans cela ; il répéta cette déclaration publique en présence de plusieurs personnes, et notamment de la comtesse de Joigni.

Cette vertueuse dame, saisie de frayeur, étoit comme hors d'elle-même quand elle pensoit au danger que couroient tant de pauvres ames, faute de secours ou d'instruction. Elle craignoit que plusieurs de ses vassaux ne fussent dans le même cas que le paysan. Elle étoit bien éloignée de penser comme ceux qui ne se croient point obligés à veiller sur les personnes attachées à leur service. La nature et la religion lui avoient appris que les supérieurs ont des devoirs de justice et de charité à l'égard de tous leurs inférieurs, et que la première de leurs obligations est de pourvoir, autant qu'il leur sera possible, au salut de tous ceux qui leur sont soumis. Elle pria donc Vincent de prêcher dans l'église de Folleville le jour de la fête de la Conversion de saint Paul, afin d'instruire le peuple sur les caractères de la vraie pénitence, et sur les dispositions avec lesquelles on doit se confesser pour obtenir le pardon de ses péchés. Le Saint fit ce que la comtesse avoit exigé de lui. Son discours produisit les plus grands fruits. Il ne pouvoit suffire au nombre de ceux qui demandoient à tranquilliser leur conscience par une confession générale. Il appela à son secours deux prêtres zélés de la ville d'Amiens.

Le jour de la fête de la Conversion de saint Paul fut pour lui un jour mémorable. Tout le reste de sa vie, il en célébra chaque année la mémoire avec les sentimens d'une vive reconnoissance, et à son imitation les prêtres de la Mission rendent à pareil jour d'humbles actions de grâces au Seigneur, de ce que c'est à cette époque que leur congrégation a été en quelque sorte conçue.

La même année, Vincent sortit de la maison de Gondi, et sa retraite eut pour objet le désir de procurer la plus grande gloire de Dieu. Il avoit consulté auparavant M. de Berulle, et il ne s'étoit déterminé que d'après son avis. Il fut envoyé en Bresse, où régnoit une ignorance grossière des premières vérités du christianisme, et on le chargea de faire les fonctions de curé à Châtillon-lès-Dombes. Il s'associa un vertueux prêtre nommé Louis Girard : ils logèrent l'un et l'autre chez un calviniste, qui malgré les préjugés de sa secte, les traita avec distinction. Le ciel bénit les travaux apostoliques du saint missionnaire. Un grand nombre de personnes, et le comte de Rougemont entre autres, embrassèrent avec ferveur les mortifications de la pénitence. Plusieurs hérétiques rentrèrent aussi dans le sein de l'église, et de ce nombre fut celui chez lequel le Saint avoit logé, et qui se nommoit Beynier : en un mot, tout le pays changea de face en fort peu de temps.

La comtesse de Joigni apprit avec une joie singulière le succès des travaux de Vincent. Elle lui donna depuis une somme d'argent, afin qu'il fondât une mission perpétuelle pour l'instruction du petit peuple, lui laissant le choix du lieu et de la manière d'exécuter cette bonne œuvre : mais elle souffroit beaucoup de

son absence, parce qu'elle n'étoit plus
à portée de le consulter sur son inté-
rieur. Elle fit plusieurs tentatives pour
l'engager à rentrer dans sa maison ; et
pour y réussir plus sûrement, elle mit
dans ses intérêts M. de Berulle ; elle
obtint même qu'il dirigeroit sa conscience
tant qu'elle vivroit, et qu'il l'assisteroit à
l'heure de la mort.

Cependant comme elle désiroit ardem-
ment contribuer à la sanctification des
autres, de ceux sur-tout sur lesquels il
étoit de son devoir de veiller spéciale-
ment, elle résolut, de concert avec son
mari, d'établir une compagnie de mis-
sionnaires qui s'emploieroient à l'instruction de leurs fermiers et de leurs vassaux. Ce projet fut proposé à Jean-Fran-
çois de Gondi, frère du comte, premier
archevêque de Paris. Le prélat l'accepta
en vue de l'utilité qui en reviendroit à
l'église, et donna le collége des Bons-
Enfans pour loger la nouvelle commu-
nauté. Ce fut au mois d'avril de l'année
1625, que Vincent prit prossession de
cette maison. Le comte et la comtesse
de Joigni assignèrent une somme pour
commencer l'établissement.

Immédiatement après son retour dans la maison de Gondi, Vincent entreprit de faire la visite des galériens détenus dans les différentes prisons de Paris. Sensiblement affligé de l'abandon général où ils étoient réduits, il forma le projet de les réunir dans une même maison, et il vint à bout de l'exécuter par les libéralités de plusieurs personnes pieuses qu'il avoit intéressées à cette bonne œuvre.

Ayant ainsi pourvu aux besoins corporels de ces malheureux, il les rendit plus disposés à recevoir les instructions qu'il leur donna, ou par lui-même, ou par ses prêtres. M. de Gondi, surpris et édifié du bel ordre qui régnoit parmi les galériens, résolut de l'introduire dans toutes les galères du royaume. Il en parla au roi, auquel il fit connoître le zèle et la capacité de Vincent de Paul ; il lui représenta que si la cour vouloit l'autoriser, il ne manqueroit pas de faire ailleurs le même bien qu'il avoit déjà fait à Paris. Louis XIII trouva cette proposition très-juste, et par un brevet expédié le 8 Février 1619, il établit Vincent aumônier réal ou général de toutes les galères de France.

Trois ans après , Vincent fit un voyage à Marseille : il se proposoit de visiter les forçats de cette ville , et d'examiner s'il pourroit faire pour eux ce qu'il avoit fait dans la capitale. Il ne voulut point se faire connoître , pour mieux s'assurer du véritable état des choses. Il fut extrêmement touché à la vue du désespoir d'un des forçats , et il fit d'inutiles efforts pour le consoler. On assure que par un héroïsme inoui de charité , il obtint de prendre sa place , qu'il fut chargé des mêmes chaînes , et qu'il les porta quelque temps. Au reste , il fit tout ce qui dépendoit de lui pour adoucir le sort de tous ces malheureux , en les recommandant aux officiers , en les exhortant à la patience , et en tâchant de leur inspirer des sentimens de vertu ; il vint à bout de les rendre plus dociles aux instructions des aumôniers ordinaires. Mais il fut sur-tout affligé du triste état de ceux qui étoient malades ; ils languissoient dans un abandon général , livrés à toutes les horreurs de la misère , et privés presque de tout secours pour l'ame et pour le corps. Il forma dès-lors le projet d'un hôpital pour les galériens de Marseille ;

mais il ne put l'exécuter que quelques années après. Louis XIV le dota en 1648, en lui assignant douze mille livres de revenu annuel. Cet hôpital devint bientôt un des plus commodes du royaume ; il y a trois cents lits , et les malades y trouvent tous les secours qui leur sont nécessaires.

Madame de Gondi étant morte le 23 Juin 1625 , Vincent alla demeurer avec ses prêtres. Louis XIII autorisa la nouvelle association par ses lettres-patentes données en 1627 , et Urbain VIII l'érigea en congrégation par une bulle du 12 Janvier 1632. Ce ne fut qu'en 1658 que le saint instituteur donna des constitutions à ses disciples , qui prirent le nom de prêtres de la Mission ; on les connoît aussi sous le nom de *Lazaristes* , du prieuré de Saint-Lazare , que les chanoines réguliers de Saint-Victor leur cédèrent en 1633.

Ceux qui composent cette congrégation ne sont point religieux ; ce sont des prêtres séculiers qui , après deux ans de probation ou de noviciat , font les quatre vœux simples de pauvreté , de chasteté, d'obéissance et de stabilité. Ils s'engagent,

1.º à se sanctifier eux-mêmes par les exercices qui leur sont prescrits par leur institut ; 2.º à travailler à la conversion des pécheurs ; 3.º à former les jeunes ecclésiastiques aux fonctions du ministère. Les exercices que leur prescrit leur règle pour leur propre sanctification sont de faire tous les matins une heure de méditation , de s'examiner trois fois par jour , d'assister chaque semaine à des conférences spirituelles , de passer tous les ans huit jours en retraite , et de garder le silence , excepté dans les heures où l'on peut s'entretenir ensemble. Ils remplissent leur second engagement , en s'employant aux missions de la campagne.

Chaque jour ils font le catéchisme et des discours familiers ; ils entendent les confessions, terminent les différends , et pratiquent toutes les œuvres de charité. Pour satisfaire à la troisième obligation qu'ils se sont imposée , plusieurs d'entre eux tiennent les séminaires , font des retraites de huit à dix jours , où ils admettent les ecclésiastiques , et même d'autres personnes : ils suivent en ces exercices les règles pleines de sagesse qui leur ont été laissées par Vincent de Paul.

Le pape Alexandre VII étoit si convaincu de l'utilité de ces retraites, qu'il ordonna en 1662, sous peine de suspense, à tous ceux qui voudroient recevoir les ordres sacrés à Rome ou dans les six évêchés suffragans, d'en faire une de dix jours chez les prêtres de la Mission. L'avantage que l'église retiroit du nouvel institut, lui donna des accroissemens considérables, et il comptoit à la mort du Saint vingt-cinq maisons, tant en France qu'en Piémont, en Pologne et en d'autres pays.

L'établissement des prêtres de la mission ne fut point encore capable de satisfaire le zèle de Vincent de Paul. Cet homme apostolique cherchoit chaque jour de nouveaux moyens de procurer au prochain tous les secours spirituels et corporels. Il établit la confrérie *de la Charité* pour le soulagement des pauvres malades de chaque paroisse. Cette association qui prit naissance dans la Bresse, s'étendit dans tous les lieux où le Saint fit depuis des missions. La confrérie *des Dames de la Croix* avoit pour objet l'éducation des jeunes filles. Celle qu'on appeloit *des Dames* se consacroit au service des malades dans les grands hôpitaux, comme dans celui de l'Hôtel-Dieu de Paris. Cette capitale sur-tout n'oubliera jamais ce qu'elle doit à Vincent de Paul. Ce fut lui qui procura et dirigea la fondation des hôpitaux de la Pitié, de Bicêtre, de la Salpétrière et des Enfans-Trouvés.

Ce dernier établissement intéresse trop l'humanité et la religion, pour que nous n'en parlions pas avec une certaine étendue. Un grand nombre d'enfans nés du libertinage ou dans le sein de la misère, étoient souvent exposés aux portes des églises ou dans les places publiques. Si les officiers de police les enlevoient, c'étoit presque l'unique bien qu'ils leur fissent. Une veuve et deux servantes furent d'abord chargées du soin de les nourrir; mais on manqua bientôt de secours. Il périssoit tous les jours une multitude de ces malheureux enfans; ou ils n'avoient point de nourrice, ou on les faisoit allaiter par des femmes gâtées. Quelquefois, pour s'en débarrasser, on les vendoit ou on les donnoit à quiconque vouloit les prendre.

Vincent, vivement touché de leur sort, chercha le moyen de remédier à un si grand mal ; il pria quelques dames de son assemblée de charité d'aller les visiter. Le spectacle qui s'offrit à leurs yeux les effraya. Comme elles ne pouvoient se charger de ce grand nombre d'enfans, elles voulurent au moins prendre soin de quelques-uns. On en augmentoit le nombre à mesure que les ressources se multiplioient. Enfin Vincent tint une assemblée de toutes les dames qui s'occupoient de la bonne œuvre, au commencement de l'année 1640. Il y exposa d'une manière si touchante le besoin de ces pauvres enfans, qu'il fut unanimement décidé qu'on se chargeroit de tous, mais seulement par manière d'essai. On n'avoit d'autres fonds que les aumônes des personnes charitables, et il s'en falloit de beaucoup qu'elles fussent suffisantes. Le serviteur de Dieu ne se décourageoit point, espérant toujours que la Providence viendroit à son secours.

Ses sollicitations auprès d'Anne d'Autriche lui obtinrent du roi douze mille

livres de rente, ce qui soutint l'établissement pendant quelque temps : mais le
nombre des enfans croissant tous les
jours, et leur entretien allant au-delà de
quarante mille livres, les dames de charité
perdirent courage, et déclarèrent qu'une
pareille dépense étoit au-dessus de leurs
forces. Vincent, toujours plein de confiance en Dieu, indiqua une assemblée
générale en 1648. On y délibéra si l'on
continueroit la bonne œuvre qu'on avoit
commencée.

Le Saint, après avoir pesé les raisons
de l'un et de l'autre parti, sentit telle-
ment ses entrailles émues, qu'il ne s'ex-
primoit presque plus que par des soupirs ;
prenant ensuite un ton plus tendre et plus
animé, il conclut la délibération en ces
termes : « Or sus, mesdames, la com-
» passion et la charité vous ont fait
» adopter ces petites créatures pour vos
» enfans ; vous avez été leurs mères selon
» la grâce, depuis que leurs mères selon
» la nature les ont abandonnés ; voyez
» maintenant si vous voulez aussi les
» abandonner. Cessez d'être leurs mères,
» pour devenir à présent leurs juges ;
» leur vie et leur mort sont entre vos

» mains ; je m'en vais prendre les voix
» et les suffrages; il est temps de pronon-
» cer leur arrêt, et de savoir si vous ne
» voulez plus avoir de miséricorde pour
» eux. Ils vivront, si vous continuez d'en
» prendre un charitable soin, et au con-
» traire, ils mourront et périront infail-
» liblement, si vous les abandonnez :
» l'expérience ne vous permet pas d'en
» douter. » L'assemblée ne répondit que
par des larmes. Il fut décidé que l'on
continueroit la bonne œuvre, et il ne fut
plus question que d'aviser aux moyens
d'exécuter cette résolution. On obtint du
roi les bâtimens de Bicêtre pour y loger
ceux des enfans qui n'avoient plus besoin
de nourrices; mais comme l'air y étoit
trop vif, on les transporta dans le faubourg de Saint-Lazare, à Paris, et on
confia le soin de leur éducation à douze
filles de la Charité. On leur acheta dans
la suite deux maisons, l'une dans le faubourg Saint-Antoine, et l'autre près de
la cathédrale. Nos rois ont successive-
ment augmenté leurs revenus, et leur
nombre monte aujourd'hui à plus de dix
mille.

Outre les hôpitaux dont nous avons

parlé, Vincent fonda encore, dans le faubourg de Saint-Laurent, à Paris, celui du Nom de Jésus pour quarante pauvres vieillards, et celui de Sainte-Reine, en Bourgogne, au diocèse d'Autun, pour les pélerins pauvres et malades que la dévotion attire au tombeau de cette illustre martyre. Ce dernier est devenu fort célèbre ; on y reçoit tous les ans trois à quatre cents malades, et plus de vingt mille pauvres passans de tout âge, de tout sexe et de toute nation. Le Saint donna de sages règlemens à ces différentes maisons, et leur fit trouver des fonds suffisans pour toutes les dépenses nécessaires.

Pour procurer des secours encore plus efficaces aux pauvres malades, Vincent, de concert avec madame Legras, forma le dessein de choisir un certain nombre de filles auxquelles on apprendroit à servir les malades, et que l'on formeroit aux exercices de la vie spirituelle. Les premières que l'on trouva entrèrent chez madame Legras, qui se chargea de les loger et de les entretenir, et qui travailla de toutes ses forces à les rendre capables de ce qu'on attendoit d'elles. Leur modestie, leur douceur, leur zèle à remplir leurs devoirs, et la sainteté de leur vie, charmèrent tous ceux qui eurent occasion de les voir. Leur nombre s'augmenta insensiblement, et devint bientôt considérable.

Tels furent les commencemens de cette compagnie connue sous le nom de *Filles de la Charité*, qui a aujourd'hui plus de trente maisons dans la seule ville de Paris. Ces filles ne rendent pas seulement service dans les paroisses, elles prennent encore soin de l'éducation des enfans-trouvés, de l'instruction des jeunes filles, qui sans cela en seroient privées, des malades d'un grand nombre d'hôpitaux, et même des criminels condamnés aux galères. Mais comme ces diverses occupations font en quelque sorte plusieurs communautés d'une seule compagnie, le saint prêtre leur prescrivit des règles, et générales et particulières, pour diriger et soutenir le corps tout entier, ainsi que les différentes parties qui le composent (1).

____

(1) Madame Legras, qui fonda, conjointement avec saint Vincent de Paul, la congrégation des

En destinant une partie de ses prêtres à tenir les séminaires, il les mit en état de se bien acquitter de cette importante fonction. Il traça le plan des exercices auxquels on devoit appliquer ceux qui se préparoient à la réception des ordres sacrés ; il en assigna aussi pour ceux qui vouloient faire des confessions générales, ainsi que pour ceux qui avoient un état de vie à choisir. A ces établissemens, il

Filles de la Charité, dites aussi *Sœurs Grises*, étoit fille de Louis de Marillac, frère de Michel de Marillac, garde-des-sceaux, et du maréchal de Marillac. Elle fut infiniment plus recommandable par ses vertus que par sa naissance. Elle épousa Antoine Legras, secrétaire des commandemens de la reine Marie de Médicis, qu'elle perdit en 1625, après douze ans de Mariage. S'étant mise sous la conduite de saint Vincent de Paul, ce grand serviteur de Dieu l'employa dans les établissemens de charité qu'il fit, surtout à Paris. Elle mourut le 15 Mars 1660. Voici ce que saint Vincent de Paul dit d'elle, dans une lettre datée du samedi saint 1660. « Je recommande son ame à vos prières, quoique, peut-être, elle n'ait pas besoin de ce secours ; car nous avons grand sujet de croire qu'elle jouit maintenant de la gloire de Dieu, promise à ceux qui servent Dieu et les pauvres de la manière qu'elle a fait. »

joignit celui des conférences ecclésiastiques, où l'on traitoit des devoirs de la vie cléricale. Le nombre de ceux qui y assistoient devint bientôt considérable. Elles furent fréquentées par tout ce qu'il y avoit de plus respectable dans le clergé (1).

On est étonné de voir faire de si grandes choses à un homme qui n'avoit rien de recommandable du côté de la fortune ou de la naissance, et qui étoit dépourvu de ces qualités brillantes qui attirent l'estime et l'admiration du monde; mais on le sera bien plus si l'on entre dans le détail de ses actions merveilleuses, et des services innombrables qu'il rendit au prochain.

(1) Adrien Bourdoise, ami particulier de Vincent de Paul, s'intéressoit comme lui, de la manière la plus vive, au renouvellement de la ferveur parmi les ecclésiastiques. Il étoit dévoré de zèle pour la gloire de Dieu. » 'Ce vertueux prêtre, qui fut occupé toute sa vie du soin de former de dignes ministres à Jésus-Christ, et qui édifia les fidèles par ses conférences et ses missions, mourut en 1655. Il étoit du Perche. C'est à lui que l'on doit l'établissement du séminaire de Saint-Nicolas-du-Chardonnet, à Paris.

Durant les guerres qui ravagèrent la Lor-
raine, il entreprit de soulager les malheureux de ce pays qui étoient réduits dans
l'état le plus déplorable. Il y fit passer
les aumônes qu'il avoit ramassées à Paris,
et qui, au rapport d'Abelly, montèrent
à cinq ou six cent mille livres. M. Collet
prouve, par des autorités incontestables,
que les sommes envoyées par le Saint
allèrent infiniment plus haut, et montèrent jusqu'à deux millions. Il y eut beaucoup d'autres circonstances où le serviteur
de Dieu tira de la charité des fidèles des
secours extraordinaires pour ceux qui
étoient dans la misère.

Au reste, la surprise diminuera, si
l'on se rappelle qu'il jouissoit par toute la
France de la plus grande vénération. On
le regardoit, même à la cour, comme un
ange envoyé du Ciel. Il assista Louis XIII
à la mort, et le disposa, par ses exhor-
tations, à finir sa vie dans les plus parfaits
sentimens de piété. La reine régente,
Anne d'Autriche, l'estimoit et le res-
pectoit singulièrement ; elle le nomma
membre du conseil de conscience, et
se fit un devoir de le consulter sur toutes
les affaires ecclésiastiques, principale-

ment sur la collation des bénéfices, qui ne furent plus donnés qu'au mérite et à la vertu.

Au milieu de tant d'occupations, Vincent avoit toujours son ame intimement unie à Dieu. Dans les affaires les plus capables de lui causer des distractions, il avoit toujours, pour ainsi dire, un œil ouvert sur le Seigneur, afin de ne cesser jamais de converser avec lui. De temps en temps il élevoit son cœur vers le ciel, et produisoit quelque acte de religion. S'il lui arrivoit d'éprouver des contradictions, il ne perdoit rien de sa sérénité; son ame, toujours égale, étoit inaccessible au moindre trouble.

Il considéroit tous les événemens de la vie dans les desseins de la Providence, se soumettant avec résignation à la volonté du ciel, et ne désirant rien autre chose en tout que la gloire de Dieu. Que le Seigneur fût glorifié par ses souffrances peronnelles, ou par d'autres moyens qu'il daignoit choisir, il s'en réjouissoit également. Il étoit cependant bien éloigné de l'insensibilité prétendue des Stoïciens, et de l'indifférence impie des faux mystiques; il savoit que la vraie piété est tendre et sensible aux intérêts de la religion et de la charité. Il regardoit les afflictions d'autrui comme les siennes propres.

Sans cesse il soupiroit, avec saint Paul, après cet heureux état où l'on est inséparablement uni à Dieu, et versoit des larmes de componction tant sur ses misères spirituelles que sur celles du prochain. L'espérance, semblable à un ancre, le tenoit attaché à Dieu : de là cette disposition qui le rendoit supérieur à la malignité des créatures et au mépris du monde. Il n'y avoit point de tempêtes qui pussent altérer le calme de son ame. Maître de ses passions, rien n'étoit capable de déconcerter sa douceur et sa patience. Les humiliations étoient pour lui un sujet de joie, parce qu'il y trouvoit un trésor caché de grâces, et une occasion de se vaincre lui-même. Ces sortes de victoires coûtent plus que les actes extérieurs des vertus d'éclat. Ce fut par la pratique de la mortification et de l'humilité, jointe à l'exercice de la prière, que Vincent parvint à ce degré de perfection; aussi recommandoit-il fortement les mêmes vertus à ses disciples.

Il voulut sur-tout que l'humilité fût la

base de sa congrégation, et il ne cessoit d'en donner des leçons à ses prêtres; il les exhortoit même à cacher leurs talens naturels.

Deux hommes d'un mérite reconnu s'étant présentés à lui pour augmenter le nombre de ses disciples, il les refusa, en leur disant : « Vous avez trop de » savoir pour un état tel que le nôtre. » Vous pourrez faire ailleurs un bon » usage de vos talens. Quant à nous, » toute notre ambition consiste à instruire » les ignorans, à inspirer aux pécheurs » des sentimens de pénitence, et à éta- » blir tous les Chrétiens dans cet esprit » de charité, d'humilité, de douceur et » de simplicité que prescrit l'évangile. »

C'étoit une de ses maximes en fait d'humilité, que nous ne devons jamais, autant qu'il est possible, parler de nous, ni de ce qui nous concerne; ces sortes de discours venant communément d'un fond d'amour-propre, et se terminant d'ordinaire à nourrir dans nos cœurs des sentimens d'orgueil. Les philosophes païens eux-mêmes adoptoient cette maxi- me, mais avec cette différence qu'ils n'enseignoient pas, comme les disciples de Jésus-Christ, à aimer une vie cachée, à se mépriser soi-même, et à se concentrer, pour ainsi dire, dans l'abîme de son néant.

La foi de Vincent de Paul fut toujours très-pure. Il n'eut pas plutôt été instruit que Jean du Verger de Hauranne, abbé de Saint-Cyran, avec lequel il étoit lié, enseignoit une doctrine contraire à celle de l'église, qu'il rompit entièrement avec lui. Il se déclara fortement contre la doctrine de Jansénius, et combattit avec zèle son système sur la grâce; mais en même temps qu'il attaquoit des erreurs dont les suites étoient si préjudiciables, et qu'il rejetoit un rigorisme désespérant, il condamnoit aussi la morale relâchée qui ouvre la porte à tous les désordres. Il recommandoit aux pécheurs d'entrer dans les sentimens d'une sincère pénitence, et leur en retraçoit les caractères d'après les maximes de l'écriture et des saints Pères. Sans cela, disoit-il avec saint Ambroise, il n'y a que de faux pénitens; leur hypocrisie sacrilége ne sert qu'à les rendre plus criminels par l'abus qu'ils font des sacremens.

Toutes les personnes de la France qui

faisoient profession de piété, avoient des
relations avec lui; plusieurs même vouloient se procurer la consolation de le
voir. De ce nombre, fut M. de Quériolet.
C'étoit un homme qui avoit d'abord vécu
dans un libertinage affreux, et qui avoit
même affecté de ne suivre aucune religion; mais s'étant depuis converti, il
expia les désordres de sa vie passée par
une pénitence extraordinaire, et telle que
l'on n'en trouve presque point de semblable dans l'antiquité.

Saint François de Sales ayant eu occasion de connoître Vincent de Paul, s'étoit
bientôt aperçu qu'il possédoit les plus
sublimes vertus, et qu'il avoit tous les
talens nécessaires pour conduire les ames
à la perfection. Il s'étoit donc déterminé
à le faire premier supérieur des religieuses
de la Visitation qu'il venoit d'établir à
Paris. Ce choix fut justifié par les bénédictions sans nombre qui accompagnèrent
le ministère du vertueux prêtre. Il rendit
au nouvel ordre les plus importans services, et se montra toujours digne de la
confiance qu'avoit eue en lui le saint
évêque de Genève.

Il fut aussi fait supérieur de plusieurs autres communautés religieuses, entre autres de celle des Filles de la Providence. Celle-ci avoit été établie, en 1643, par madame de Pollalion. Cette pieuse femme, formée par Vincent de Paul, voulut procurer un asile aux jeunes personnes de son sexe que l'indigence, l'abandon ou la mauvaise conduite de leurs parens exposent souvent au danger de perdre leur honneur et leur ame.

Vincent, par l'ordre de François de Gondi, archevêque de Paris, examina celles qui se présentoient pour concourir à la formation de la société naissante. Il en choisit sept, qui lui parurent les plus propres à servir de fondement à tout l'édifice, et il leur donna des avis dignes de sa haute sagesse et de sa grande expérience. Après la mort de madame de Pollalion (1), il se déclara le protecteur de ces pieuses filles ; il trouva le moyen de les faire subsister, et de rendre leur établissement perpétuel. Les Filles de la Providence font, après deux ans de noviciat, des

(1) Marie de Lumague, veuve de M. Pollalion, gentilhomme du roi, mourut en odeur de sainteté en 1657.

vœux simples de chasteté, d'obéissance,
de stabilité, et s'engagent à servir le prochain selon leurs constitutions. Leur supé-
rieure est triennale.

En 1658, le Saint convoqua à Saint-
Lazare l'assemblée des membres de sa
congrégation. Il remit à chacun le recueil
des règles qu'il avoit dressées, après quoi
il les exhorta tous, de la manière la plus
pathétique, à les observer avec une
parfaite exactitude. Elles sont pleines de
sagesse et de piété; on y trouve des
moyens sûrs et efficaces pour arriver à la
perfection *chrétienne et sacerdotale*, pour
se prémunir contre la corruption du siè-
cle, et pour travailler avec fruit à la
sanctification des peuples. L'institut de
Vincent de Paul fut de nouveau approuvé
et confirmé par les papes Alexandre
VII et Clément X.

Cependant la santé du Saint dépérissoit
de jour en jour. Quoiqu'il fût d'un tem-
pérament assez robuste, les fatigues occa-
sionnées par son zèle et par les austérités
de sa pénitence, le firent à la fin suc-
comber. Il fut pris, à l'âge de quatre-
vingts ans, d'une fièvre dont les accès
étoient périodiques. Il éprouvoit toutes

les nuits des sueurs qui achevoient de l'épuiser. On doit juger de là que le temps destiné au sommeil n'étoit point pour lui un temps de repos.

Cela ne l'empêchoit pas de se lever régulièrement à quatre heures du matin, de dire la messe, et de donner chaque jour un temps considérable à l'oraison. Il ne diminuoit rien non plus de ses autres exercices de piété, ni de la pratique de ses œuvres ordinaires de charité. Plus il sentoit approcher son dernier moment, plus il redoubloit de zèle pour l'instruction de ses enfans spirituels. La pensée de la mort l'occupoit continuellement ; tous les jours, après avoir dit la messe, il récitoit les prières de l'église pour les agonisans, avec les recommandations de l'ame et les autres actes par lesquels on prépare les fidèles à aller paroître devant Dieu.

Le pape Alexandre VII ayant été informé de l'extrême foiblesse où il étoit réduit, le dispensa de la récitation du bréviaire ; mais le serviteur de Dieu ne vivoit plus lorsque le bref de dispense arriva. Il mourut le 27 Septembre 1660, après avoir reçu les derniers sacremens. On l'enterra dans l'église de Saint-Lazare,

et il y eut un concours de monde prodi-
gieux à ses funérailles. Le prince de Conti,
le nonce du pape, plusieurs évêques et un
grand nombre de personnes de la première qualité y assistèrent. Il s'opéra,
par l'intercession de Vincent, divers miracles dont la vérité fut juridiquement
reconnue.

En 1712, le cardinal de Noailles visita
en présence de plusieurs témoins le corps
du Saint, qui fut trouvé entier et sans
aucune marque de corruption. Le tombeau fut ensuite refermé. On sait que
cette cérémonie précède ordinairement
celle de la béatification, quoiqu'après
tout l'incorruptibilité du corps ne soit
point regardée en elle-même comme une
preuve authentique de sainteté. Enfin la
vie, les vertus héroïques et les miracles
du serviteur de Dieu ayant été rigoureu-
sement examinés à Rome, il fut béatifié
en 1729 par Benoît XIII.

Après la publication du bref, l'archevêque de Paris fit rouvrir le tombeau du
B. Vincent. La maréchale de Noailles, le
maréchal son fils, et plusieurs autres
personnes distinguées, assistèrent à l'ou-
verture; mais le corps ne se trouva plus

dans le même état qu'il avoit été ; un des os de la jambe étoit entièrement décharné ; ceux de la tête l'étoient beaucoup moins. On attribua cette altération à un déluge d'eau qui, quelques années auparavant, avoit inondé la cour, le corridor d'entrée, et l'église où reposoit le saint prêtre.

Dieu continua de manifester la gloire de son serviteur par les miracles qu'il accordoit à son intercession. L'un fut opéré sur une religieuse Bénédictine de Montmirel, qu'une horrible complication de maladies devoit naturellement conduire au tombeau. Lorsque l'état de cette religieuse paroissoit entièrement désespéré, M. Languet, évêque de Soissons, lui appliqua une relique de saint Vincent, et elle fut parfaitement guérie. François Richer, parisien, recouvra la santé d'une manière qui ne tenoit pas moins du prodige. Une troisième guérison miraculeuse par laquelle nous finirons ce détail, s'opéra sur une Anglaise paralytique, nommée Louise-Elisabeth Sackville, et fut la suite d'une neuvaine faite au Saint. La vérité de ce miracle fut attestée par madame Hayes, protestante, chez la

quelle demeuroit mademoiselle Sackville.
Celle-ci entra depuis chez les religieuses
du Saint-Sacrement à Paris , où elle mourut en 1742 , cinq ans après la canonisa-
tion de saint Vincent de Paul par le pape
Clément XII.

Ce Saint ne pouvoit travailler plus uti-
lement pour le service du prochain ,
qu'en réveillant les Chrétiens de cette
léthargie où la plupart étoient plongés.
Il leur représentoit vivement l'indignité
de leur conduite , et leur montroit ,
comme un autre Jean-Baptiste , l'obligation où ils étoient de faire de dignes
fruits de pénitence. En effet, on ne peut
avoir part aux faveurs célestes , quand on
est comme indécis entre la vertu et le
vice , quand on suit tantôt l'une et tantôt
l'autre , que l'on est , en un mot , tour-à-
tour païen et chrétien. Mais que penser
de ceux qui vivent habituellement dans
le crime , et qui ne craignent point le
danger de leur état ? Faut-il que l'on voie
si souvent les passions produire dans les
hommes l'extravagance, l'aveuglement, et
même l'incrédulité ? A quels excès ne se
portent pas , je ne dis pas seulement les
hommes ordinaires , mais même les plus

beaux génies , lorsqu'ils sont abandonnés de Dieu , ou plutôt lorsqu'ils ont abandonné Dieu , et fermé les yeux à cette lumière qui éclaire tous ceux qui viennent au monde ! Pour peu que nous aimions Dieu et le prochain . pourrons-nous refuser nos larmes et nos prières aux pécheurs plongés dans l'aveuglement funeste dont il est ici question ?

FIN.

LILLE.

L. LEFORT, LIBRAIRE, IMPRIMEUR DU ROI,

RUE ESQUERMOISE, N.° 55.

PARIS.

ADRIEN LECLERE ET C.ie IMPRIMEUR-LIBRAIRE,

QUAI DES AUGUSTINS, N.° 55.